@ ABRAZA A TU NIÑO INTERIOR

CARLOS ARROBA

arrobaverso

@arrobanticismo

@ **NOTA DEL AUTOR**

Esta obra es un ejercicio multisensorial para que te conectes de nuevo con tu niño interior, descubriendo e integrando sus heridas.

Es un resumen de lo vivido y experimentado, para comprender todo lo que había crecido y aprendido en este proceso que no fue agradable, pero me hizo convertirme en un ser aún más humano.

¿Quieres transformar tu vida y comprender tu proceso actual? Aquí tienes algunas claves que te comparto, para que tú mismo te conviertas en tu propio maestro espiritual.

Encontrarás ilustraciones de arte digital y canciones compuestas para acompañar cada capítulo. Al disfrutar de esas obras sentirás lo que yo he sentido.

Traduzco las emociones en obras de arte, así que tendrás una exposición de emociones en imágenes, con la música como acompañante.

Mi niño interior creó esto para disfrutar y ahora se convirtió en una forma de vida que elijo cada día al despertarme.

Dejé mi profesión después de veinte años de informático, para elegir un camino que no sabía dónde me llevaba, pero que sentía que era el que mi alma me puso delante.

Di un salto de fe, para dejar de llevar una vida rutinaria y estresante. Me permití conectar con mi niño interior y expresar mis propias emociones para sentirle y abrazarle.

Gracias por elegir esta obra para comprender tu camino, te sigo compartiendo en más obras, todo lo que he aprendido.

@ ACCESO A LOS PLAYLIST DE MÚSICA

Escanea con la aplicación de Spotify los códigos debajo de cada fotografía, para escuchar las canciones asignadas.

Abre Spotify, presiona la lupa que aparece para buscar contenido y en la barra de búsqueda a la derecha aparece el icono de una cámara. Presiona allí.

Concede permisos a Spotify para que pueda acceder a tu cámara si te lo solicita, y después escanea el código con la cámara. Al hacerlo, accedes a las canciones del libro directamente en Spotify.

Accede al playlist de música en YouTube escaneando directamente el código QR de la portada.

@ ÍNDICE

@ DEDICADO A MI NIÑO INTERIOR

Esta obra salió para dar luz a mi niño interior, para volver a rescatarlo de mis propias heridas y hacerme cargo de su sanación. Cada lágrima derramada, cada palabra escrita, limpiaron mi alma para que volviera a ver mi propia sonrisa.

Si necesitas llorar en algún momento, hazlo, yo lo hice mientras escribía para seguir sanando. Mi niño interior estaba demasiado herido. Con estas palabras que salían de mi corazón, pude hacer que se acercara a mí, de nuevo.

En el arte encontré a mi niño interior, por lo tanto, el arte es parte de mí hoy y en él, me sostengo. Mi niño interior quería expresar y comunicar, quería escribir, pintar, fotografiar, narrar y cantar. Por lo tanto, le permito todo eso.

Permite a tu niño interior que te guíe hacia tu vida, él sabe bien lo que amas, él es tu maestro para obtener maestría. ¿Maestría en qué? dirás. En disfrutar y sentirte pleno con tu vida. Por eso dedico estas palabras a su valentía, a su resiliencia, a su coraje, por seguir a mi lado todos los días.

Tuve muchas carencias afectivas, tuve muchos traumas en mi vida, pero eso no impidió que mi niño interior siguiera vivo en mí cada día. Gracias cariño, gracias tesoro, gracias por ese amor recibido que, quizá, no fue seguro ni sabio, pero eso nos ha convertido hoy, en un tesoro para quien sepa apreciarlo.

Éste es el tesoro que guardaba mi niño interior, te muestro mis joyas de la corona para que veas lo que hay en ti, si te permites conectar de nuevo con él. Y que sea él, tu propio rey llevando tu corona.

El amor verdadero nunca estuvo fuera, el amor nace dentro de tu niño interior y si lo sanas, tu propia verdad se muestra.

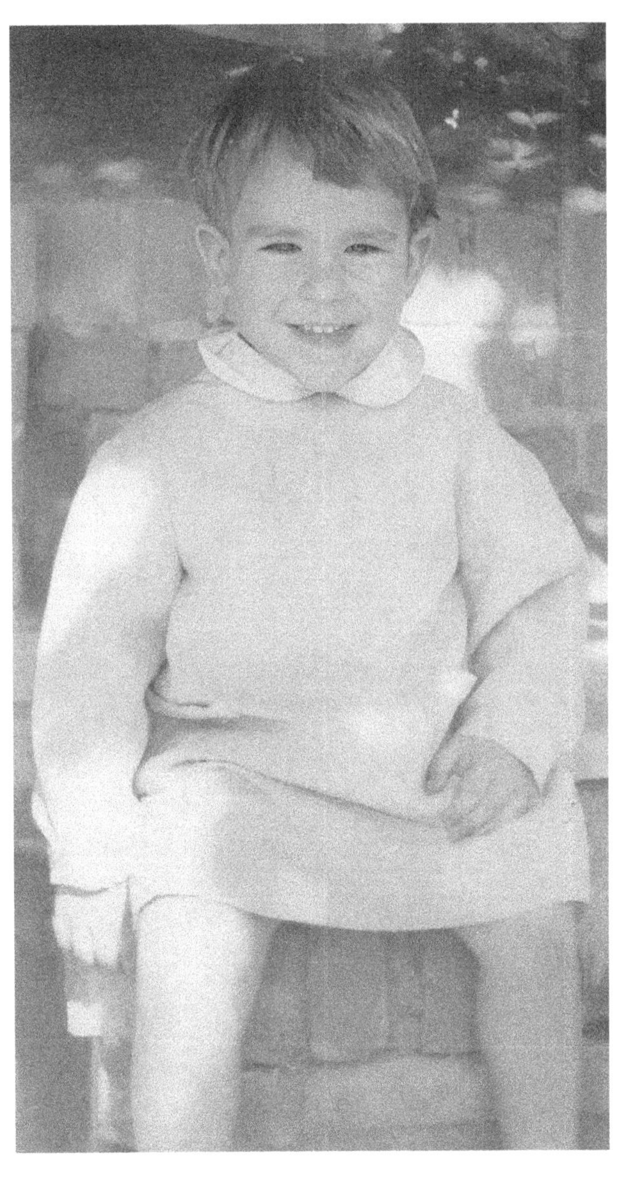

Imagen de la infancia de Carlos Arroba (arrobaverso).

ooo @ RENDIRTE A TU SER

¿Por qué guardas el mensaje de tu alma en el fondo de una botella lanzada al mar? Así no llegará a su destino.

¿Qué mensaje vas a enviar al mundo cuando todo lo que tienes es un solo mensaje que dar?

¿Qué dirías? ¿Que el ser humano puede ser cruel y bondadoso a la vez o sólo darías un grito de libertad, indicando que no necesitas a nadie para ser feliz?

Cada persona es un universo completo con un mundo infinito de posibilidades.

¿Qué quieres legar al mundo? ¿Por qué lo guardas en una botella y lo tiras al mar?

Atrévete a lanzarlo a los cuatro vientos, que nada frene tu ilusión.

Deja que los demás vean todo lo que escondes porque todo eso, es hermoso.

Quizá no todo el mundo lo entienda, pero siempre habrá alguien que podrá entenderlo, y le dará un sentido a su vida.

Saca todo eso que te dieron y que aprendiste. Deja que tu imaginación vuele, saca el niño que hay en ti y disfruta como nunca.

Siempre podrás esconderte en una botella, pero deja que el mundo beba de tu mensaje, porque saciará su sed.

Rompe esa botella y transmite todo lo que llevas dentro, no tengas miedo a ser tú mismo.

Sólo hay un camino posible y es rendirte a tu ser.

La canción es un llamado para conectar con nuestro propósito de vida y el despertar del alma.
La imagen muestra una película dentro de la botella, que aún está por contarse y vivirse. Es la película de nuestra vida y nuestro llamado interior.

001 @ REGALO

El arte me conectó con mi alma, el arte me mostró mis heridas para que las aliviara. En el arte me encontré y ahora, en él nos encontramos para compartir mis sinceras palabras.

Yo fui tú y yo, soy tú. Aprendí a conectar y a abrir mi corazón con palabras, que en inspiración divina me entregaba mi alma para aliviarme de la pena.

Soy Carlos Arroba, una persona que se entregó a lo que sentía. Agradezco ese don para crear arte con mi corazón. Te comparto quien soy y así, si lo deseas, también tú lo sientas.

Creé esto en primera instancia para aliviar el dolor de mi alma. En cada palabra pude comprender lo que recibía, pude sentir lo que era realidad y mentira.

Una palabra puede inspirar a un alma o hundirla en su tristeza. Te comparto lo que sentí al escribir, te entrego cada catarsis de amor que recibí, la conexión sincera con el arte, la conexión entre las emociones y las palabras, para que las comprendas con tu mente y las sientas con tu alma.

Te entrego mi aprendizaje y mi experiencia. Soy una simple alma que sintió y expresó lo que desbordaba su corazón. Allí, encontré mi esencia.

En cada obra encontrarás diferentes formas de arte. Un texto, una fotografía, un símbolo y una canción. Allí, comprenderás una emoción o herida para que la sientas y la liberes. Al hacerlo, ahí encontrarás quién eres.

Siempre te diré que halles tu propio camino. Soy una persona que pasó a tu lado y se detuvo para entregarte la comprensión que necesitabas en ese momento, la palabra indicada y el amor divino.

Siempre eres libre de decidir lo que hacer. Soy un mensajero dispuesto para darte la palabra adecuada, para levantarte de nuevo y que sigas donde te quiera llevar tu alma. Me honras con tu tiempo y con tu presencia, te honro por ello, por tu dedicación a mi labor, en esta humana experiencia.

Crear arte es una expresión del corazón y eso es lo que te ofrezco. Palabras que te harán sentir lo que no has podido comprender, lo que no podías aceptar, pero que te ayudarán a sentir lo que es cierto. Estoy aquí para servirte de compañía, como tu amigo y tu compañero. Seremos uno, si deseas sentirlo, porque a través de mi propio aprendizaje, nos encontraremos.

Te aporto mi sabiduría, te aporto mi conocimiento de las emociones para que las disfrutes como si fueran arte, porque arte soy y arte creo. En eso me convertí en el camino de descubrir el amor que llevo dentro.

Te regalo mi sonrisa, mis palabras, mi arte y mi forma de expresarme, porque expresar y sentir es lo que le da sentido a la vida humana. Te doy esa clave que parece simple, pero a veces la complicamos, porque nuestra mente nos impide disfrutar del amor que somos y de lo que amamos.

Somos amor y con cada emoción que expresamos, nos permitimos descubrir ese amor que anhelamos. Descubrir la sabiduría de las emociones hará que vivas sin restricciones, sin poner juicio a lo que sientes, porque somos humanos decididos a sentir la vida en todos sus colores.

Te entrego todos esos sabores diferentes, todas esas emociones que juntas, nos llevan al amor consciente.

Amar es lo que hago al crear este proyecto porque sale de mi corazón todo lo creado. Espero resonar en tu alma, crear ecos que hagan sentir esas emociones que igual, se han quedado por mucho tiempo estancadas.

Vengo si lo permites, a sacudir tu mundo interno, a despertar a tu mente para que des un giro a lo que estás sintiendo. Mi corazón se ha abierto al amor, al crear esto que siento. Mi corazón es el tuyo, si decides hacerlo.

El arte de expresar con arte es la misión de mi vida. El amor que tuve que encontrar en él para plasmarlo en esta obra divina. Sentir es un regalo divino, a eso llegarás si decides sentir cada palabra que llega a tu oído.

Recuerda que soy tú y tú eres yo, salvo que cada quien decide llegar al amor en su momento. Yo me adelanté un poco para darte tiempo, para crear este legado de palabras que sanan el alma de emociones y liberarlas del cuerpo.

Aprende a gestionar tus emociones y a expresar con ARTE todos esos regalos que tienes dentro. Crea tu propio legado de amor, para que otros puedan sentir tu corazón y sentirnos uno al hacerlo.

Éste es mi regalo para ti, mi amor expresado con arte, para que lo disfrutes cuando decidas formar parte de ello.

La canción sirve para conectar con el corazón.
La imagen muestra el regalo de amor que podemos llegar
a ser para el mundo, convirtiéndonos en un faro de luz.

002 @ NIÑO INTERIOR

Estás creando tu vida, está renaciendo tu ilusión. Te costó encontrar el camino, te perdiste en alguna ocasión. Tuviste que recorrer tu mundo interno, despertar tu alma y abrir tu corazón. Ahora es tu momento, ahora es tu tiempo, ahora es tu decisión.

Ya sabes la ruta, ya sabes lo que hay en tu interior. Vas de la mano con tu niño interior. Juntos dais vueltas por el mundo, pero ahora, en el mundo exterior.

Rompiste bloqueos, rompiste creencias y te rompieron el corazón. No importan esas heridas, no importa el dolor. Lo importante es atender las heridas del alma, que se sanan con perdón.

Tú lograste conectar con esa energía, con el mismo dolor para transmutarlo con tu única herramienta, tu propio corazón. Ahí se encuentra tu magia, ahí nace tu niño interior. Juntos vais de la mano, juntos os dais el amor. No hubo gloria sin pena, ni alegría sin dolor.

Entiendes que la vida es un regalo, un regalo de Dios. Ahora ya no valen las trampas, ahora sólo escuchas a tu alma. Sólo escuchas a tu corazón.

Permite que ahora la vida te entregue todo ese amor que brota desde tu interior.

Bate tus alas al cielo, eres un soñador. Sueña cómo tu alma se eleva y cómo sana tu enorme corazón.

Eres ese Cóndor que creían extinguido, que nunca más apareció. Ahora apareces en el horizonte infinito, donde nadie más se adentró. Te hiciste fuerte, te hiciste creador. El mundo ahora está a tus pies para darte lo mejor. Vuela niño, vuela Cóndor. Vuela y bate tus alas sin temor.

El cielo está libre para ti, disfrútalo con amor. Empezaste dando aleteos y ahora, vuelas con pasión. Pretendieron cortar tus alas, te intentaron cargar con odio y con rencor. Esa energía ya no te pertenece porque la convertiste en perdón.

Tienes el mundo delante, tienes un mensaje de amor. Date tu tiempo, regálate amor y vuela hacia tu próximo destino, hacia tu ilusión.

El horizonte está lleno de posibilidades y te mereces lo mejor. En el camino se quedaron personas, situaciones y emociones. Ahora, eso te lo devuelve Dios.

Viniste a batir las alas, a mostrar tu corazón. Permite que ese fuego arda y arrase el dolor de tu interior.

Eres un sol refulgente que renace todos los días, que renace en amor.

Tu vida está a punto de cambiar, estás a punto de recibir ese amor que la vida te quiso negar, para aprender a través del dolor.

El dolor se termina. El dolor se apagó. Ahora el alma te ilumina, ahora te llenas de amor.

Estás libre de cargas del pasado, del temor. Vuela libre y vuela alto, vuela hasta donde te lleve tu corazón.

Eres una criatura divina, una obra maestra de Dios. Permite que Dios se exprese a través de tu alma, de tu corazón.

Eres esa herramienta que tu creador eligió para aliviar la carga de los corazones rotos, de las almas rendidas, de perder la ilusión.

Tú eres alguien importante, eres una chispa divina de amor. Ese amor es infinito y no puede apagarse, es un fuego sin dolor. Es una llama perpetua que habita en el centro de tu corazón. Toma esa llama y enciende ese fuego apagado que en otras almas se extinguió.

Da al mundo lo que eres. Eres un fuego de amor. Enciende almas, prende vidas, reaviva su fuego interior. Ahí encontrarán, de nuevo, a la vida y ahí verán que hay ilusión.

Date tiempo, no vayas con prisa, permite que todo se dé cuando lo permita Dios. Eres su herramienta divina, su propia mano, su propia voz.

Date tiempo en esta vida y vive, vive con ilusión. Disfruta del tiempo y de la alegría, disfruta de todo y date amor.

La vida está ahora para ti, para darte su amor. Sé humilde como las ascuas del fuego y entrega, poco a poco, ese calor que guardas en tu interior. Ese calor viene de tu alma para encender tu corazón. Esa ascua ahora aviva el fuego divino, es un incendio interior. Comparte esa llama con tus dones, con lo que ama tu niño interior.

Abre tu alma al mundo, ofrece esa bebida que emanas, que saciará la sed de amor.

Tu niño interior está listo para el viaje. Haz que sea tu guía y te lleve donde siempre quiso vivir, donde siempre quiso sentir, donde siempre quiso estar, donde siempre quiso experimentar.

Haz de tu camino tu vida y de cada paso recorrido, una celebración. La misión es vivir la vida y experimentarla en todo su esplendor. Haz que tu vida sea digna, pero del amor de tu niño interior. Dale lo que nunca le diste, dale todo tu amor.

Muéstrale el mundo a ese niño que en tu cuerpo se encerró. Dales cabida a sus sueños, a sus ilusiones y a sus caprichos. Dale todo tu amor. Entrégale todos sus deseos, todos sus sueños, para darle lo que nunca le diste, una vida con ilusión.

Eres un cocreador de tu vida y un aprendiz de tu niño interior. Aprende de ese niño y muéstrale lo bueno de la vida, lo que se le perdió.

Ahora es tiempo de partir, de ir hacia tu viaje interno para darte, con amor, lo que tu niño interno gritaba y no entendías con tu mente, pero sentías con tu corazón.

Eres un alma completa, una completitud de amor. Eres esa pareja que buscabas porque eres tu propia pareja, tu propio amor. Dejaste de buscar fuera y rebuscaste en tu interior. Ahí estaba tu alma, ahí se guardaba tu amor.

Ya no busques, ya no corras, no hay nada que buscar, ni nada que atrapar. Sólo debes reconocer que el alma es eterna y tú eres amor.

El alma vino a mostrarte lo que perdiste en el camino, lo que un día se apagó. Ahora ese interior se ha encendido y te muestra tu niño interior. Ése es tu amor completo, ése es tu verdadero guía, tu verdadera intuición.

Permite que se exprese tu niño desde tu maestría de amor.

La canción sirve para volver a conectar con la pureza e inocencia de tu niño interior, para expresar el amor de tu corazón.
La imagen representa cómo creces espiritualmente con tu niño interior si lo sanas y te permites hacer lo que desea su corazón.

003 @ TRAICIÓN

La traición se convierte en herida cuando alguien no cumple las promesas prometidas. Por eso en la infancia es necesario que se cumplan esas promesas que tus mayores te decían porque si no, con esas promesas incumplidas, la desconfianza y el aislamiento hacen presencia en tu vida.

Te genera así una herida que empezó de pequeño, donde dejaste de confiar en esos mayores a los que, quizá amabas, pero que te decían, en ocasiones, algo que no era cierto. Te enseñaron que podían fallarte, quizá demasiadas veces y por eso te aislaste. Por eso te enfadaste con ellos, porque te fallaron tantas veces que el rencor vino para ponértelo de escudo, al no comprender sus incoherencias mentales.

Cuando no se cumple una promesa, te fallas a ti mismo y a quien le prometiste cumplirla, también tú mismo sientes tu incoherencia. Se convierte en un bucle infinito de promesas incumplidas que va generando heridas y desconfianza lanzada al viento, para que sea ése tu propio lamento. También generará más rencor si se cumplen las promesas a otros, y sin embargo, a ti te las niegan. Allí la envidia hará acto de presencia porque a ti no te entregaron esa promesa que a otro le concedieron. Prometer y fallar es humano, no obstante, prometer cuando se sabe que es imposible cumplir la promesa, hundirá más a ese ser que aún crece y no comprende esas incoherencias.

Esta falta de compromiso hará que ese niño herido crezca con un carácter fuerte y nada sumiso. Se convertirá en un controlador compulsivo que querrá saber todo de otros, para que no le vuelvan a traicionar en la confianza ni en lo prometido. Por eso quiere saber todo de ti esa persona herida, para echarte esa información en cara cuando tus promesas no sean cumplidas. Tendrá munición para usarla contra tu posible traición, tanto si se produce como si no.

Será una persona controladora y posesiva porque querrá tener el control de toda tu vida, querrá controlar todas las vías para no ser traicionado, pero con ese control férreo te perderá a ti y te apartará de su lado. Impedirá tu libertad, porque querrá controlar tu vida y que no puedas salir de la suya en realidad.

Querrá que sufras su propia herida porque él mismo no la quiso o no la pudo sanar. Querrá que te traiciones a ti mismo a través suyo, porque así, sabrá que tú sentirás lo que sufrió, pero no será tuyo. Esa herida de la traición es su forma de redención al meterte a ti en su propia prisión y hacerte suyo.

Por eso, algunos padres no permiten a sus hijos alzar el vuelo porque con su herida de la traición, al permitirles marchar, se sienten rotos y abandonados por dentro. Por eso aparece la herida del nido vacío, donde al perder los hijos por el paso del tiempo, se sienten los padres perdidos, porque sus hijos les traicionaron y abandonaron al salir del nido, y empezaron los padres a sentir su vacío.

Reconocen en ese momento su herida porque no hay nadie más a quien retener en su vida, y sienten en ese momento el dolor que no se permitieron sentir para sanar su herida. De esta forma nadie más les traicionará, sintiendo su propio dolor, porque ellos mismos fallaron en cumplir sus propias promesas y a ti, como hijo, no te lo permitieron.

La traición pone en la mesa la fidelidad y la lealtad, pero al marcharse un hijo de casa de sus padres, eso no sirve ya. No pueden retener a un alma para sentirse aliviados por esa herida que no han sanado y que a ti te impide volar. Te impiden tu propia libertad porque quieren poseerla para hacer de ti y de tu vida lo que ellos quieran. Te niegan de esta manera tu propio espacio, rompiendo quizá esos límites que te costará imponerles porque son tus padres y a la vez tu herencia.

La traición se sana con mucha paciencia, con tiempo para aprender a soltar el dolor que te produjo esa herida que deja huella. Allí reconoces ese pacto de almas, allí honras a quien te enseñó a transformar esa herida del alma, porque la sueltas para vivir tu propia libertad. Otorgas a esa alma tu respeto, pero ya no puede, quizá, compartir contigo el tiempo. Se encargó de negarlo una y otra vez, hasta que decidiste irte de su vida y ser tú, el responsable de ella para vivirla.

No se puede retener a las personas para luego impedirles vivir y hacer con ellas lo que no te harías a ti como persona, porque eso, en realidad es traición. Ser tolerante con otros es lo que reconcilia ese control absoluto. Confiar en otras personas es lo que hace falta en ese instante de dolor, para sanar cuanto antes esa herida que recibió tu niño interior.

Por eso es importante confiar en tus hijos, aconsejarles, darles espacio y compartirles esa responsabilidad para permitir que ellos aprendan a través de sus propios errores. Así dejarán de sentirse controlados en todo momento. Hay un tiempo para sembrar y un tiempo para soltar. Las personas necesitan libertad, sentir que pueden elegir libremente lo que quieren en su vida, aunque sus padres en ella, ahora, sólo le puedan acompañar.

Tampoco faltes a tus promesas y si no, no las hagas porque generan incoherencias que a otros pueden lastimar. No se buscan padres perfectos, no se necesitan hijos perfectos, nada más almas que amen y se permitan sanar su dolor para no herir a otros en su trayecto.

No vinimos a ser heridos, no vinimos a ser la reproducción de una herida hasta el infinito. Somos almas que evolucionan, somos almas que aman y lloran, somos libres y cautivos de algunas emociones que nos desbordan. La traición es no ser coherente con lo que dice tu mente y haces con tu corazón. Es el infierno que en ti mismo creas, sin que nadie te pida que hagas esa prueba, porque el amor es lo único verdadero y la traición nunca lo será.

Ama quien decide ese compromiso diario de sanar el dolor que lleva dentro, para no herir a otros. Ama quien decide ser coherente para no engañar a otros. Ama quien elige ser amor a pesar del dolor recibido por otros.

Decide si quieres sentirte traicionado o ser amor, cada día tienes esa elección. Revisa lo que prometes y cumples, revisa si el amor es eso que sale de ti, aunque a otros, quizá no les guste. Estás aquí para respetarte, para amar y permitirte ser amado en libertad, para expresar el amor que eres a pesar de lo quiera retener alguien más. Recuerda el amor que eres, recuerda que siempre has sido eso, aunque a otros su propia herida de la traición les duela, porque ya no te poseen.

No vinimos a traicionar, no vinimos a poseer a nadie, vinimos a compartir el amor y expresarlo en consciente libertad, sin promesas falsas que nunca se cumplirán.

Traiciona quien se traicionó a sí mismo porque el amor lo quiso poseer como una joya. Quiso controlar el amor; quiso que no salieras de su jaula, para retenerte con una promesa vacía de amor; quiso, por miedo a perder, reaccionar con esa sobreprotección; quiso defraudarte con un cambio en esa persona que nunca llegó, con una relación que nunca se dio, con promesas incompletas que salieron de su propia herida de la traición.

La traición es una forma de negar el amor porque se retiene como un rehén, con esa promesa que nunca llega ni nunca viene. Es una falsa promesa del amor verdadero, porque la traición es lo que impide que llegue ese amor al querer poseerlo. El amor se comparte, no puedes poseer nunca a nadie y la traición te impide ser amor, porque dudas siempre de la fidelidad de alguien. Controlas y manipulas, te impides sentir el amor, porque quieres controlar a esa persona cuando es libre. Con ese control le impides ser su propia esencia para convertirlo en tu propia sombra.

La traición comienza así, dudando siempre de lo que dice otro porque lo único real es el amor, y no puede narrarse como un cuento sino sentirlo dentro.

El amor se siente, la traición se siente, tú decides qué quieres sentir y así crear tu propio cuento.

La canción nos insta a conectar con el amor presente y no postergarlo o querer poseerlo. Así dejamos de traicionarnos a nosotros mismos.
La imagen muestra la herida de la traición de un árbol transgeneracional, siendo iluminada por uno de sus descendientes, para liberarla.

004 @ RECHAZO

El rechazo es la negación de uno mismo, de esa herida que quizá estás cargando. Es la falsa percepción de ti mismo porque otro te ha rechazado. Es convertirse en el crítico de tu propia vida porque el rechazo hizo que percibieras así tu vida.

Rechaza quien fue rechazado porque esa herida a ti te ha lanzado. Te mostró su crítica y negación al entregarte ese rechazo como su propia proyección. Te mostró una herida que cargaba y que quería que tú llevaras para sentirse valorado, rechazando tu alma.

Tus padres son los que posiblemente te inculcaron esa herida, su propio rechazo hacia ellos mismos lo quisieron perpetrar en tu vida. Si no te haces cargo de esa herida, la perpetuarás en tus hijos para que siga dañando su vida.

El autodesprecio es sólo el síntoma de la herida que tienes, quizá, ya en tu cuerpo. El no aceptar quién eres, lo que vives o algo de ti que crees imperfecto. Allí, en esa negación de ti mismo, desapareces por un instante para sentirte perdido. Allí te rompes en mil pedazos para no encontrar los restos de ti mismo que has desperdigado. Juntar esas piezas después, es un trabajo enorme que necesita tiempo para reconocer el rechazo que en ti mismo has generado.

No importa quién produjo en ti el rechazo, lo importante es saber que nadie más que tú es responsable de sanarlo. Quien te rechaza una y otra vez, no se ama a él mismo porque tiene miedo al amor que no ve. El rechazo provoca esa herida, no sentirse merecedor del amor en la vida. Eso lo provocan otras personas en ti, pero era nada más la sombra de su vida para que tú integraras esa herida.

Quien lucha contra ti y te falta al respeto, precisamente se está faltando a sí mismo. Está luchando con esa parte interna suya que cree que tiene que rechazarte, sin embargo, no se da cuenta de que esa herida es suya y tú eres su espejo para que la observe.

No se permite sentir su dolor y lo sigue lanzando contra ti, porque piensa que esa es la solución. La solución nunca está fuera, la solución para encontrar el amor está dentro de cada uno, lo demás es una proyección de un alma herida que lo proyecta.

Comprende que el amor siempre estuvo en ti, que nadie te puede amar si no te consideras merecedor de esa luz pura que habita en ti. En tu alma están todas las respuestas, en tu alma brilla una luz eterna, allí nadie te puede rechazar porque eres luz pura y perpetua. Tapas, quizá, ese brillo intenso por el rechazo que de otras almas recibiste, pero no eres eso en realidad. Eres luz en la oscuridad, eres un alma valiente que se animó a vivir para superar cualquier herida, para reconocer tu propia alma herida y dedicarte en cuerpo y alma a sanar.

Eres un alma jubilosa y ésa es tu gran belleza como persona, eres la luz que ilumina cualquier sombra porque sientes que eres amor, aunque te lo nieguen otras personas. Nadie rechaza a nadie, todas son almas heridas que rechazan a otras porque están más heridas que nadie. Quien te niega, se niega; quien no te ama, el amor se lo niega; quien te falta al respeto, es que a él mismo no se respeta.

No busques culpables, busca sólo la reconciliación de tu alma para seguir mostrando tu luz por mucho rechazo que te muestre alguien.

No le gustarás a todo el mundo porque simplemente eres tú, otros te odiarán o envidiarán, otras almas no querrán ver tu luz y la negarán. Pero esas almas no son tu responsabilidad, cada uno elige si desea vivir en amor o en la oscuridad.

Te tocará recoger esos pedazos de tu alma esparcidos, te tocará pegar con amor cada crítica que has recibido, te tocará usar el amor como sanación para dejar de criticarte a ti mismo. No necesitas la validación de nadie, necesitas darte amor y eso no te lo puede dar nadie. Eres tú el que eres luz, sin embargo, la apagaste porque te creíste el cuento de alguien. Pensaste que eras rechazado cuando era no merecer amor lo que te proyectó alguien.

Las almas, todas son amor, no se puede negar lo que somos, ésa es una percepción errónea de quienes somos. Quien quiera seguir allí, es su decisión, sin embargo, amor somos. La grieta que hay en tu alma se tapará según vayas hablándote mejor internamente, para dejar atrás a ese crítico interno inaguantable.

Te tocará empezar a ver tu valor, saber que tienes un don y es el amor que ya eres, pero te falta sentirte merecedor de ello. Podrás sentir en ti esa energía y con el tiempo, te sentirán otros en su corazón, al ver cómo sanas esa herida.

Empieza cada día dándote ese tiempo de autorreconocimiento, celebrando que eres perfecto porque eres amor y el amor es lo único verdadero.

Comienza a respetarte y a tener autonomía, comienza a confiar en tus decisiones y cumple con ellas cada día.

Con cada paso que vayas dando, observarás cómo todo ese corazón roto vuelve a unirse como si fueras un sol que provoca que sea siempre de día. Encontrarás la luz que te negabas, encontrarás el pegamento que une de nuevo tu corazón y es el amor que en ti mismo no encontrabas.

Confiarás de nuevo en la vida porque confiarás en el amor que ahora te entregas y antes, no sentías. Encontrarás sentido a tu vida porque nadie rechazó a nadie, todos entregan a otros lo que tienen en el alma cada día. Hay quien entrega amor y luz a los demás, pero hay quien les niega eso mismo al creerse saber más. Nunca se lo niegan a otros sino a ellos mismos al rechazarte a ti, en el camino. Esa seguirá siendo su propia herida y se seguirán negando el amor, perpetuando así el dolor que no han sanado en vida.

Permite que cada quien elija lo que desea vivir y experimentar, tú ya sabes que no existe el rechazo, que el rechazo es rechazarte a ti mismo en realidad. Por eso existieron las cruzadas, por eso se crearon en la historia crueles batallas, porque no se quiso mirar la herida propia del alma, sino proyectar esa propia herida en otras almas.

El rechazo es esa batalla interna entre tu luz y tu oscuridad. En otras culturas musulmanas lo llaman también "la yihad", sin embargo, es domar a tus pensamientos a través de tu propio autocontrol y hacerse amo de ellos, para no ir dañando a otras almas en este camino de autoconocimiento que nos conduce a la paz.

No es luchar contra el pensamiento de otro, es hacerse cargo de esa negatividad que sale de dentro de nosotros, y cuando lo haces, encuentras tu propia paz. Allí encuentras el rechazo como un simple aprendizaje en amor, para encontrar el amor que no te supiste dar.

El rechazo es una lucha interna con tu mente para tener razón y desconectarte de tu corazón, para que supere la mente al sentimiento. Si esa guerra santa la gana tu mente, seguirás en tu propio infierno; si la gana el corazón, encontrarás tu propio cielo.

Por eso escucha el susurro de tu alma, no la crítica continua que tu mente te lanza. Escucha lo que sientes porque allí encontrarás la solución a ese rechazo, que era negar lo que sentías en tu alma. Amor puro y limpio, es lo único que no has sentido porque tu mente lo tapaba.

Termina esa guerra absurda por querer tener razón y con respeto, despréndete de ese pensamiento inútil de lucha interminable. No luchas con nadie, luchas con tu mente para hacerte vulnerable, para sentir el amor que no supiste darte.

Abre tu alma y limpia tus pensamientos con ese sentimiento que desprendes desde tu corazón abierto. Permite que el amor cambie tu propio pensamiento, para dejar esa lucha interna por controlar cómo y a quién dar amor. Dátelo primero a ti mismo para que sepas lo que es el amor puro y puedas entregarlo a quien quiera sentir tu corazón luego. No viniste a rechazar y a negar, viniste a sentir el amor y a compartirlo con los demás.

Amar es un regalo, tú decides cuándo quieres abrir esa caja con el amor que nunca te pudieron ni supieron dar, porque a ellos mismos se lo negaron.

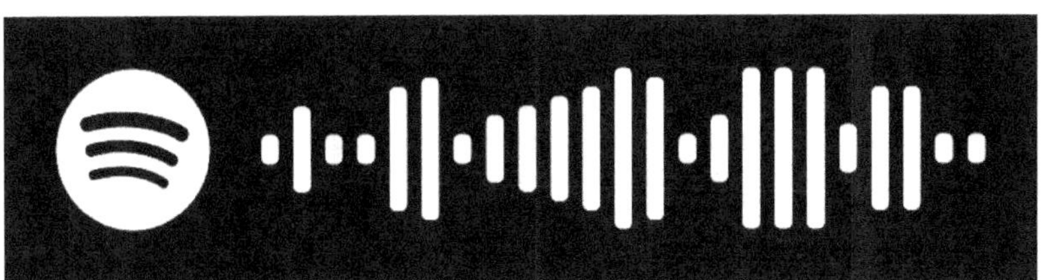

La canción muestra como un alma puede tapar su propia luz con un dedo. Generando así una noche oscura tras otra. La imagen nos insta a permanecer en paz aunque nuestro entorno nos ataque y rechace, para seguir siendo luz.

005 @ INJUSTICIA

Tu vida, a veces, no es justa y eso desata, en ocasiones, reacciones violentas que tú mismo justificas. Provoca tu malestar, tu queja, tu hartazgo, creer que estás atado a eso y que no puedes más. La injusticia se presenta para que veas esa parte que proyectas, para que saques de tu inconsciente cualquier herida que aún no veas, para iluminar en tu vida lo que no ves y que es tu propia oscuridad.

Si hay injusticia en tu vida, resuélvela, o si no la puedes cambiar, acepta la situación y devuélvela al universo, no luches contra ella.

La injusticia te refleja si eres injusto contigo, es lo que te viene a mostrar, esa falta de respeto hacia ti mismo.

Es la injusticia que ves en tu mundo la que tienes dentro de ti mismo y por eso, se refleja en tu realidad. Echas la culpa a otro porque piensas que es el vengador que te puso en alerta para despertar tu odio. Consideras que, si la vida es injusta, tú debes ir aplicando tu propia justicia. Así te conviertes en ese justiciero, que va repartiendo su propio ego y haciendo daño a quien vea que le trató mal en sus recuerdos.

La vida no es justa o injusta, ese camino que tomaste es lo que te llevó a esta realidad. Hazte responsable, pues, de dejar atrás o solucionar, pero no de ir provocando a alguien más que quizá, no lo supo hacer mejor. Tú le quieres corregir con tu justicia implacable para que aprenda lo que aún no sabe que es suyo y se debe de ello, responsabilizar.

Está claro que aquí no hay ganadores, porque todos son perdedores si no se responsabiliza de ese hecho quien lo hizo mal, quien provocó ese daño o esa injusticia y sigue haciéndolo a los demás. La culpa no es contra otro, mira si permitiste tú ese daño o fue del otro, sin embargo, la culpa es evadir esa responsabilidad y seguir permitiendo que suceda en tu realidad.

La injusticia la gestionas en tu vida tomando decisiones, siendo tú el justo que se otorga a sí mismo ese perdón para hacerse responsable de la situación, y no dañar a alguien más. Quien sigue en su orgullo y en su ego, creyendo que pensar sólo en sí mismo es su victoria, se pierde a sí mismo en el camino hacia su propia e injusta derrota. Perderá lo que no quiere porque él mismo es injusto con su vida, dañando a otros que quizá, amor le entregaron.

Perder es parte del proceso porque es necesario ver si haces o te hacen daño. En cualquier caso, si no se impone una justicia basada en el amor, ambos perderán y la relación se romperá en mil pedazos.

La culpa, la falta de perdón y la injusticia, son reclamos para sanar tu corazón. Los tres son gérmenes que infectan a veces tu corazón, y eso nada más lo puedes sanar tomando conciencia de lo que proyectas en el exterior. Quizá tienes una herida de tu infancia y ésa es la razón de la injusticia que debes sanar para liberarla de tu alma.

Esa injusticia se generó en tu vida cuando tus padres o tutores fueron fríos y rígidos, fueron autoritarios en tu educación y te faltaron al respeto en más de una ocasión. Eso genera adultos rígidos, incapaces de negociar, ni de mantener una conversación. Se reacciona en vez de dialogar, se daña porque no se puede soportar otro pensamiento diferente que nubla tu propia mente. Se es cerrado de mente, se quiere llevar la razón por encima de todo, aunque genere a otro un daño injusto que no se merece. No se negocia nada porque es innegociable tener siempre la razón.

Mira si te has criado de esa manera, si ahora esa herida es tuya y no la superas. Comprueba si puedes permitirte otro punto de vista, aunque no tengas que seguir esa visión que otro te muestra.

Para sanar esa herida hay que trabajar en esa rigidez mental, siendo flexible hacia otra opinión, teniendo tolerancia y confianza en los demás. Se soluciona practicando el respeto hacia otro, conectándote con la empatía y expresando tus sentimientos y pensamientos en ese intercambio mutuo de respeto e ideas, aunque no se compartan las conclusiones a las que se llegan.

Si respetas a otro, a ti te respetas, si empatizas con otro, contigo mismo te conectas, si expresas tus sentimientos a otro, en ti mismo te reflejas. Puedes ver lo que hay fuera de ti y sumarlo para que asimiles en tu vida lo mejor que hay ahí.

Si tu mente es rígida como una piedra, cualquier otra opinión te hará estallar en tu mente una tormenta, sacarás la rabia, el odio y todo lo que no sea como tú piensas. Serás el justiciero del oeste que irá disparando cuando sólo es necesario conversar un rato. Serás injusto con otro porque piensa diferente de lo que tú has pensado. Serás el juez del otro, porque el otro siempre está equivocado.

Así es tu mente, si no la sanas, seguirá atrayendo injusticias a tu lado. Irás perdiendo cualquier cosa que hayas amado porque tú mismo con esa herida, las apartas de tu lado. Todo es perfecto en la vida, incluso si no logras sanar las heridas para que ellas mismas te hundan y no quieras vivirlas. Si no quieres ver tus heridas, ellas mismas se te mostrarán en tu vida. Serás injusto haciendo justicia, según tu propio punto de vista.

Si tu mente se cierra a otra opinión, seguirás con ese dolor; si tu mente se petrifica, seguirás siendo tú el que te cause tu propio dolor; si tu mente no cambia, seguirás repitiendo ese mismo patrón. Tú decides si tu vida la solucionas o sigues siendo tan rígido como tu propio progenitor. Tú puedes decidir en cualquier momento salir de ese tormento. Tú puedes avanzar y ver que otros también tienen razón, aunque te cueste reconocerlo. Así se amplía tu conciencia, así se abre tu mente a otras posibilidades diferentes.

Si todo es siempre igual, tu vida será lo peor que puedas planear, porque de esa casilla nunca saldrás. Si pones tú una jaula a tu vida, en esa jaula vivirás y más injusticia para ti mismo atraerás. La vida es perfecta siempre, tú eliges si aceptas o corriges lo que sucede, pero jamás evolucionarás porque pienses que todo es como tú piensas, y así siempre sucede. Si te niegas a crecer y expandirte, te aíslas en tu jaula mental. Te vuelves el verdugo de tu vida, cortándote las alas para volar.

La injusticia es una herida que llega a tu vida para que cambies tu manera de pensar, para que veas otras opciones que nunca quisiste ver ni aceptar. Abre esa jaula que tu mente te ha impuesto para ser tú, el justo con tus pensamientos. Libera de ti la rigidez de ser tú, el que tiene todo el conocimiento. Saca de ti lo que no sea cierto, pero viendo que hay un camino que aún no has hecho.
Libera de ti esa herida, para ser tú, el justo con tu vida.

La canción nos insta a ser exitosos dejando de cargar la cruz de la injusticia con nosotros y con los demás.

La imagen muestra como nos sentimos encarcelados si seguimos cargando la herida de la injusticia. La solución empieza por ser justo con uno mismo.

006 @ HUMILLACIÓN

La humillación es esa situación que dañó el orgullo de tu alma para sentirte inferior. Es la herida del menosprecio, que con el tiempo crea dependencia para sentirte valorado y respetado cuando eso, no lo puedes obtener fuera, porque es tu propio valor lo que hace tiempo que se ha desparramado.

Esa herida es de tu infancia, del menosprecio que recibiste por esos padres o esa familia en la que encarnó tu alma. Da igual si eres adoptado o huérfano, siempre hay un tutor adulto que ejerce esa humillación en ti, porque él mismo la ha soportado.

Humilla quien fue humillado, humilla quien no tiene autoestima para creerse mejor que aquel a quien ha humillado; humilla quien depende de otro para encontrar su propio valor porque lo perdió hace tiempo, al ser menospreciado.

Revisa tu pasado, comprueba quién menospreció tu alma por ser dulce, por ser inocente, por ser amor y negarte esa expresión pura de quién eres. Verifica todo tu dolor, verifica sin entrar en él, ten contigo compasión y comprende que tú eres el único que puedes darte el valor que nadie te ha dado. Lo exterior es sólo el reflejo de la herida que supura en ti y que sana a través de ti mismo, si te das el permiso para sentir ese dolor acumulado.

Te entrego mis lágrimas para limpiar tu herida; te entrego amor para que no duela más la tortura que yace en ti y salga de tu alma herida; te entrego luz para cicatrizar la oscuridad que emana tu alma y sea alumbrada de por vida. Siente ese abrazo que mi alma te entrega a través de este acto, siente la unión de mi corazón con el tuyo para sentir el valor que tienes porque eres oro puro.

La autoestima y la dependencia fueron un lastre en tu vida para no ser tú, tu propia esencia. Cómo te hablas es la demostración de la herida que cargas y aún no procesas.

Te escondes en encontrar esa autoestima en otros cuando tienes el valor de tu alma eterna y eso es real, no es una verdad a medias. Deja de buscar fuera, deja de necesitar la validación para ser tú el valor que ahora, desde tu alma entregas.

Tu herida es tu responsabilidad, tu alma te trajo hasta aquí para que sintieras vibrar a tu corazón, y amaras toda tu alma de verdad. Para que te enamores de ti mismo, para que seas tu propio amor y valor amándote aún más a ti mismo, para que encuentres la solución a tu herida yendo hacia dentro y no creando más dependencias en tu vida.

El alma te quiere dar un beso; el alma quiere fundirse contigo para que sientas el valor que tienes y vibres con ella desde dentro; el alma quiere cerrar esa herida que en ti provocó carencias y menosprecios, donde tu valor no existía porque tú mismo tirabas por el suelo tu precio.

Recoge esa enseñanza y comprende que te la entregó otra alma. Da igual quién fuera, si un familiar, un amigo, un profesor o cualquiera que te hiciera daño, porque vio en ti más valor que en él mismo y por eso dañó tu tesoro más preciado.

Mira a los ojos a esa persona, atraviesa su mirada para sentir a su alma ahora, únete en un abrazo de amor para perdonaros por ese acto que a ambos os pesa en vuestra memoria. Compadécete de ese alma que te entregó su propia herida, porque no sabía ni que la tenía, porque no comprendía qué era lo que hacía, porque recibió ese legado en forma de herida.

Abraza tu alma a la suya, fundiros en un abrazo de amor para perdonar y sentir que esa herida ya no es tuya. Agradece haberla tenido, aunque te impidiera ser tú, porque ahora rompes esa creencia para no hacerla tuya.

Rompes ese caparazón que te impedía admirar tu valor y al hacerlo, a esa otra alma herida, a la vez, alumbras. Te humilló quien pudo hacerlo, pero ahora contemplará y sentirá que te has desprendido de ello. Contemplará quién eres ahora, porque ya no te puede entregar eso que no te pertenece y que aprendiste a cargar, pero ahora no soportas.

No juegas ya a ese juego. Humilla el herido, humilla el rendido, humilla el que no tiene valor porque lo pone en otros. Esas almas no pertenecen ya a tu vida. Cuando sanas esa herida, esas almas, si no evolucionan, desaparecen de tu vida. Son simples esclavos de sus propias palabras, reciben lo que entregaron. Sus propias heridas son abiertas para ser aún más profundas en su alma. Son humanos desarraigados porque no se liberan de esa herida del alma, donde herir se convierte en una forma de vida, cuando así la vida no se arraiga.

No puedes crecer como alma en un sitio donde arrancan tus propias ramas, donde cortan tus frutos para seguir hiriendo a tu propia alma. Esas almas mueren cuando no hieren, porque no encuentran su propia valía al no tener un espejo que su mismo valor les muestre. Irán de alma en alma, destrozando e hiriendo, porque de esta manera sienten que son mejores almas. No encuentran su precio dentro porque sólo les sirve el valor que encontraron al humillarte, ya que de esta manera, medían su propio valor en cada instante.

Son simples peones de sus heridas mostrando el poco valor que se tienen porque te muestran desprecio. Quien desprecia, se desprecia; quien depende de otro para conocer su valor, sin valor vive su propia experiencia; quien daña está dañado, lo importante es darse cuenta para sanarlo.

No dependes de nadie, no hay un valor en otro porque tú eres incalculable, no existe nadie como tú, porque eres un tesoro para el alma de quien sepa valorarte. Tu valor es intrínseco por existir, no dudes jamás de quién eres porque sin ti el Universo no está completo, le faltará siempre ese tesoro que eres tú y eso es inimaginable.

Imagina la luz que emanas porque te puso la vida esa herida para que la sanaras, porque tu luz es inmensa y puede alumbrar galaxias enteras si te permites perdonar a quien niega esa luz de tu alma. No niegues a nadie, dale su espacio y si no lo quiere aceptar, regálale tu despedida para seguir tú mismo tu propio caminar.

Quien te daña no sabe lo que hace; quien te humilla realmente no sabe lo que vale; quien te odia realmente odia una parte de su alma, de la que no se hace responsable. Suelta esa carga que ya no te pertenece, renace dentro de ti para ver cómo en tu propio corazón amaneces.

Ese peso se desprende de ti para ir ligero de equipaje, para soltar ya esa experiencia de dolor que era para asimilar el regalo que eres para otros, a través de ese aprendizaje.

Tu luz no se puede tapar con el dedo, eres un sol y por eso la vida te oscureció, para que reconocieras todo tu valor entero.

Eligió tu alma esta experiencia para poder comprender el regalo que eres a través de tu esencia, para que se creara en ti ese sol que ilumina galaxias enteras, para ser la propia divinidad que hay en ti, pero en tu humana experiencia.

No viniste a ser el salvador del mundo, viniste a sanar las heridas de tu alma y así crear tus propios mundos. Eres un creador de realidades, cree en ti y en el valor que tienes porque eres incalculable. Haz de ese tesoro un regalo para que otras almas sientan lo que valen.

Inspira con tu vida, crea a través de ti una nueva vida, donde todo cobra otro color porque ahora amas tu propia vida y lo que creas. Siente en tu alma cómo es ser hijo de Dios a la vez que te amas, siente lo que jamás sentiste en tu pecho, siente el amor que repartías en otros y que ahora te entregas para sanar tu alma.
Vas a sentir lo que nunca has sentido: ser amado por uno mismo, por el trabajo de sanación que te has permitido.

Siente la magia de Dios atravesar todo tu cuerpo, siente la validación de quién eres porque eres la expresión de Dios, un fractal de él mismo sintiendo a través de ti nuevas formas de amor que aún estás aprendiendo. Eres su corazón, eres su vista, eres sus manos, eres su voz, eres el creador de sus propios milagros.

Ése es tu valor, amigo, ése es tu don divino; eres el hijo de Dios aprendiendo a trascenderse a sí mismo; eres su conciencia y su chispa divina; eres la expresión de su alma a través de tu vida. ¿Qué valor crees que tienes? Porque ser hijo de Dios es lo único que eres, lo demás es un juicio de quién eres. Suelta ese juicio que te fue implantado, para ser libre de él y ser libre en tu alma para convertirte en la expresión de Dios que siempre has ocultado.

No escondas nada de ti porque todo tú eres hermoso, aunque a otros les haya molestado.

Eres amor y eres paz, eres un alma eterna aprendiendo lecciones para sanar a la propia humanidad. Si tú sanas, yo sano; si tú amas, yo amo; si tú eres el hijo de Dios, yo soy tu propio hijo encarnado.

Somos creadores de Universos, no te creas que eres menos que eso. Somos almas libres expandiendo el amor desde nuestro pecho. Somos seres divinos encarnados para ser liberadores de almas que se han humillado. Somos la propia sanación de nuestra herida. Somos la mejor versión de nosotros mismos al indagar en nuestra propia herida. Somos seres humanos y seres divinos jugando a experimentar ambos mundos, cuando somos soles inmensos iluminando la vida.

La humillación fue sólo una piedra en tu camino, un aprendizaje para que vieras el valor que tienes a través de ser negado por otros, que tenían el mismo dolor y que a través de ti, sentían lo mismo. Ya eres libre de ese dolor, de ese aprendizaje amargo. Eres un sol inagotable emanando luz desde tu propio corazón sanado.

Ama esa humillación que has recibido porque has trascendido esa parte de ti que te impedía ser hijo de Dios, para sentirlo.

La canción nos libera de la humillación recibida por nuestro padre y nuestra madre. Es una discusión entre dos partes.
La imagen muestra la rotura de cadenas internas para descubrir nuestro verdadero valor.

007 @ ABANDONO

Una de las grandes heridas del alma es el abandono, es sentirse abandonado porque te abandonas para creer que estás solo. Dejas de existir y te conviertes en tu propia soledad, en tu propia jaula mental.

Abandonarse a uno mismo es caer en el agujero del miedo para no salir nunca de lo que en ese momento eres, una sombra de ti mismo que oscurece tu propia verdad.

El abandono es esa herida que te daña el cuerpo, te daña en el amor y también en tu propia economía. Es quien te derriba los pilares de la salud, el amor y el dinero, para que no llegue como debía.

Cuando sientes el abandono te sientes pequeño y necesitas engordar para sentirte más grande, para que puedan verte en cualquier parte. Ahí es cuando tu salud arriesgas y el sobrepeso viene impuesto como un regalo que tu inconsciente te entrega. Por lo tanto, engordas sin querer, cada vez que sientes el abandono en tu propio ser.

En el amor, el abandono es una herida del alma, es el no sentirse amado por quien te ama y eso se manifiesta cortando esa relación antes de que prospere, porque piensas que te abandona y que te hiere.

El polo opuesto es permitir cualquier situación en tu vida que te dañe y darle la bienvenida. Ahí vuelves a recibir esa herida, que es nuevamente atraída, tanto si te abandonan en el amor, como si abandonas tú, antes de que te rompan el corazón.

Por eso el ser humano ocupa algunas relaciones, para poder sentir esas heridas y sanarlas sintiendo las emociones. El alma vino a eso, a sentir la vida, aunque sean heridas de quizá, demasiado tiempo. El alma quiere que avances, que no te estanques, que puedas seguir adelante.

La otra huella que deja el abandono es entregar tu dinero para evitar ese abandono, de nuevo. Por eso no sueltas quizá esa relación, prefieres irte de vacaciones con esa pareja, aunque te duela en tu corazón, porque si no vendrá el abandono y te abrirá esa herida de nuevo. Cualquier excusa es buena para mantenerse en el dolor y permitir al abandono convertirse en traición.

Puedes aguantar una relación nefasta, por no permitir que el abandono haga presencia en tu alma. Puedes tener un hijo con esa persona, para seguir avivando esa farsa. Puedes soportar una situación injusta por no sentir que el abandono te acompaña. Por eso el dinero es fácil que se pierda sintiendo esa herida. Porque el dinero te sirve para darlo a cambio de no perder esa relación, aunque te lastime más que soportar la propia herida.

Se pierde dinero, salud en el cuerpo y el propio respeto, porque lo pones para soportar lo que ya no sirve, ni servirá en tu camino.

El abandono es una emoción que no debería dañarte. Si la aceptamos como una parte de la vida, podemos observar que en realidad no existe, porque nadie te pertenece. Todos, tarde o temprano, desaparecen de tu vida. Tu pareja, tus hijos, tus familiares, algunos se van por la edad, otros por destino para seguir su camino y otros se fueron de tu vida antes de ser tú quien los aleje.

Ten en cuenta que nadie físicamente estará siempre contigo, solo tú permaneces contigo unido. Acéptate como un buen acompañante en tu propio camino. Contigo no puedes romper, hasta en la muerte te vuelves a ver, y ahí, es cuando comprendes que nadie te abandona, pero tú decides sentirlo una y otra vez.

¿Qué soluciones tienes para dejar de sentir esa herida que permanece en tu alma? Hay varias soluciones para que el abandono desaparezca en tu vida, cambiar y solucionar esa situación, aceptar la situación o salir tú de esa situación.

Cuando no existe aceptación, existe dolor, cuando no se acepta que alguien te abandona es porque no aceptas lo que hizo esa persona y te muestra tu propia sombra. Acepta eso que sientes dentro, permite ese dolor, pero no lo retengas más tiempo. Si no permanecerás con sobrepeso, con el corazón destrozado y con los bolsillos vacíos, porque temes perder a alguien que te acompañó durante un tramo.

El miedo a perder es otro gran actor que aparece si no superas el abandono y lo aceptas como es. Deja de tener miedo a lo que pierdes porque eso es tu pasado y tienes todo un futuro pendiente de ser creado. Necesitas estar tranquilo en tu presente para poder generar ese futuro que deseas, aunque alguien de tu vida ya esté ausente.

El abandono es una emoción que se siente, sin embargo, nunca sucede realmente. Es tu herida de la infancia la que asoma para que la atiendas si ya estás dispuesto a sentirla y a soltarla. Quizá no fuiste abandonado en esta vida, no obstante, puede estar en ti esa herida porque la has heredado. Quizá en tu infancia fuiste o te sentiste abandonado. En cualquier caso, es una emoción recurrente que sientes, pero por anclarte a un pasado que no aceptas y entonces se hace de nuevo presente.

Acepta y libera, comprende que tu alma es la que provoca que sientas esa herida para que el abandono no permanezca. Abandonar tu vida por tener esa herida es perder la ilusión de vivirla. El apego a esa persona o esa situación es la que provoca tu herida y te convierte en un permanente sufridor.

Las relaciones humanas, en su mayoría terminan, las almas se juntan, aprenden y luego siguen adelante con su vida. Acepta que la gente puede no ser constante en tu vida.

Ten confianza en que podemos permanecer unos con otros en la propia libertad del amor porque eso también es la vida, reaprender a confiar en las personas que sí pueden amarnos y permanecer unidos, pero aceptar si deciden no hacerlo.

Todos algún día nos vamos para trascender esta vida, para poder volver a ser un alma libre contando a otras tus batallitas.

No te aferres a ese egoísmo que te confunde la mente. Avanza con un paso firme, sé tú esa alma que ama, pero sobre todo, que se ama siempre. Haz lo que salga de tu corazón y permite que las personas entren y salgan de tu vida, porque eso es lo que pasará, aunque no lo aceptes.

El abandono, si es originado por el padre terrenal, muchas veces se proyecta también con tu padre creador. Por eso te desconectas también de creer en lo que la vida te trae. Dejas de creer en tu parte divina, porque sientes que él es el culpable de ese abandono que sentiste en vida. Realmente eres un hijo de Dios y te echas a ti mismo las culpas de sentir el abandono y sentirte vulnerable.

Dios no abandona a las almas, Dios es el creador de tu alma, Dios ama tu alma por sí misma, Dios es un padre amoroso que nunca se va, jamás abandona a sus hijos. No existirías si Dios no te amara, porque eres su propia chispa, su propia creación humana. No te puedes desconectar de él, porque unidos estáis por el alma y eso no se puede romper.

El abandono es imposible cuando algo no se puede separar ni, aunque lo quieras hacer.
Siente que todo es una experiencia de aprendizaje y puede que este abandono esté en ti hace mucho tiempo y quizá no lo aceptaste. Acepta que la gente puede decidir quedarse o irse de tu vida, porque es así, no crees más expectativas. Vive y disfruta la compañía, tal vez permanezca, tal vez no, y esa relación es o será otro aprendizaje de vida.
Abandona la ilusión por recuperar lo que se perdió y vuelve a tu vida de ahora para no volver a ese dolor que te ahoga.

Si algo es para ti, en tu camino te lo pondrá Dios, porque él jamás te abandona.

La canción sirve para liberar la herida del abandono de ambos padres y comprender que todas las almas se van algún día de tu vida, para que lo aceptes ya.
La imagen muestra como en la soledad más absoluta consigues unir tu mente y tu corazón, para descubrir la luz que te une a Dios.

008 @ ABUSO

Abuso es romper ese lazo de confianza establecido para aprovecharse de alguien y hacer uso de esa relación, para beneficio de uno mismo. Allí uno gana a costa de otro. Es una balanza imposible de equilibrar, porque el peso siempre cae de un lado y no del otro.

Abusa quien fue abusado, quien no es sincero consigo mismo, porque la confianza nunca existió, aunque fuera un cuento muchas veces contado.

El abuso es un simple acto vil, donde consciente o no, eliges hacer eso, porque ganas tú, a costa de mí.

Es un intercambio desequilibrado, donde al final nunca existió el intercambio.

Es quebrar toda la confianza si la hubo, porque no se ha demostrado.

Abusa el que quiere controlar y con su inseguridad, quiere volver aún más inseguros a los demás.

No sale de su zona de confort porque no le apetece explorar su luz y se queda en la oscuridad de su corazón, prefiere lo simple y rápido. Por eso elige utilizarte, porque así él llega antes a lo que siempre ha deseado.

No importan las consecuencias de sus actos, porque su conciencia, en ese momento, le indica que es adecuado hacerlo.

Le es imposible expresar amor porque se le ha negado. Abusa de sí mismo y de ti, para conseguir lo que siempre ha deseado. Puede ser dinero, un acuerdo, un intercambio, incluso tu cuerpo, si es necesario.

El abuso puede ser físico, mental, emocional... pero hay una herida que se graba en el alma y que permanece hasta que no se salda esa deuda, con perdón y reparando ese dolor. El abusador cree que lo hace bien, sin embargo, llegará un momento que su conciencia le traerá todo su pasado para acordarse de sus actos y volverlos a recordar. Es la conciencia humana, que no se le puede engañar ni escondiéndose debajo de una montaña. Algunos lo llaman karma, yo lo llamo el resultado de tus actos, para que veas tus consecuencias sobre otras almas.

Es lo que siembras en el Universo, y después, recoges la cosecha de todo ello. Si no fue amor lo que plantaste, ten cuidado, porque no será agradable ese viaje. Será tu propio infierno convertido en fruto. Habrás convertido el regalo de la vida en tu propio infierno, en tu propia esclavitud, al ser el responsable de tus actos inhumanos y ahora te tocará resolverlos o sufrir lo que tú mismo has generado.

No me refiero a la justicia humana sino a tu conciencia divina, que lleva todo anotado para que lo soluciones cuando te dé la gana. Quizá en esta vida o en otras, eso es decisión de cada alma. Los actos humanos tienen consecuencias en el tiempo, en las almas, en el inconsciente colectivo y en el mismo progreso.

Todos esos actos incoherentes que has hecho quizá provocaron daño en otra gente, quizá fuiste tú el que recibió dolor por otra gente. Lo importante no es el dolor, es aprender la lección, para no soportar más esa acción y levantarte del suelo, para ser tú, tu propio dueño.

El amor está en ti, esa luz está para ti, así que levántate de ese abuso que te impidió ver en ti lo bello. Deja de ceder tu poder, deja que otros lo intenten y diles "NO", de una vez. Desaparece de la vida de aquellas personas que no reconozcan el "NO" porque creen que es una broma. Dales su propia ración de no amor, para que empiecen a valorar lo que no valoraron en ti como persona. Desaparece y vete de donde no haya, ni haya habido, amor, porque esa es sólo tu sombra.

Reconócete como un tesoro porque lo eres para quien sabe apreciar esa magia, que en tu corazón asoma. Comienza dando pequeños pasos y quítate el miedo, porque eso es lo que utiliza el que abusa de ti, para tirarte otra vez, de esa soga que te ata al cuello.

Abre tu corazón para ver ese valor que tienes como ser humano, porque te mereces lo mejor y no ser la víctima de otro ser inhumano. Recoge los pedazos de tu alma y ve hacia lo que siempre has anhelado, que es tu propia libertad como persona.

Nunca estarás solo, nunca viajarás sin amor, porque eso es tu propia esencia como persona. Descubre esa parte de ti dormida, para tomar el coraje necesario y salir de esa situación, que ya no es bienvenida. No temas corazón, tu alma te guía, te dirá qué hacer. Te indicará el camino que debes elegir, aunque ahora no lo sepas bien.

Cedes todo tu poder al permitir ese acto, que a ti te convierte en una sumisa persona. Deja de arrodillarte y de lamentarte, deja de sentirte culpable, deja esa situación por un instante y vuelve a tu corazón. Allí hallarás la respuesta si te permites ese instante de quietud infinita, donde tu alma te grita que salgas ya de ese camino de sombras.

El abusador es sólo tu propia herida de la humillación, convertida en un tormento. Es la materialización infinita de esa herida que tienes desde tu infancia y no la sanas porque no sabes quizá, hacerlo. El perdón hacia ti mismo es la salida. El perdón por haber permitido ese abuso, que inconscientemente repetías.

No lo relacionabas con nada, pero era parte de tu herida. Dabas todo por complacer a otros y tú mismo te ibas rebajando tu valor cada día. Dabas toda tu energía para otras almas, que simplemente, al recibirla, se aprovechaban de tu poder para utilizarlo en sus vidas.

Si fue algo repentino ese abuso, mira a qué le tenías temor, porque ese temor se hizo presente en tu vida. Tu mente atrae lo que le pones como pensamiento del día, así que revisa qué estabas pensando en ese instante de tu vida.

Otras veces son actos en el árbol transgeneracional, de abusos recibidos y no sanados, que tú repites porque nadie supo liberarse de ellos, para tú hoy sanarlos. Te toca a ti ser esa persona valiente, para salir adelante después de vivenciar eso que vivió una parte de tu familia, de forma inconsciente. Ese abuso puede venir también de tus vidas pasadas, de haberte convertido en amigo de tus captores para ser quizá, un sumiso esclavo que sólo quería seguir viviendo y tuvo que soportar lo que nadie soportaba.

Esas heridas son todas normales, todos nos hemos sentido abusados y vulnerables, cada uno en mayor o menor medida, pero la confianza en otras almas se rompió porque, quizá, ya en nadie confías. Eso lo creó tu mente, porque así decidió que tuvieras razón y nadie fuera confiable. Por eso a tu mente no le debes entregar ese poder, sólo usarla para tu bien y a favor de ti, sin dañar a nadie.

El corazón es la llave para encontrar la confianza en la vida, para sanar esa herida que se forjó en tu alma, porque el abuso quizá era parte de tu vida. Confía primero en ti y, al hacerlo, verás cómo cambia tu vida. Si confías en ti, la vida será confiada y simple, sin trampas y abusos que te impidan vivirla.

Mira qué pensamientos proyectas para sanar ese abuso que no ves, pero es una mala hierba. Revisa si algo ha sido justo o injusto en tu vida, sin embargo, no quieras imponer tú la justicia. Sé el observador del perdón de esa situación, no para ganar o perder, sino para convertirlo en la paz que tu alma anhela ser.

No has venido a ganar ni derrotar a nadie, has venido a encontrar tu propio perdón en ese acto que otro proyectó en ti, porque en ese momento, eras vulnerable. Utiliza esa vulnerabilidad a tu favor, dale la vuelta para ser ahora una fortaleza por aquello que sucedió. No te digo que te conviertas en un muro de hielo, sino que saques tu poder para decir "NO" a quien quiera volver a hacerlo. Mientras, retoma tu vida y empieza a creer en ti mismo a la vez que levantas el vuelo.

El único perdón que necesitas es el que te des a ti mismo. La otra alma deberá encontrar su propio consuelo, su propia forma de vivir con lo que hizo y si no lo hace, tú ya no eres responsable de ello. Os juntasteis dos personas, una con la autoestima dañada y otra con ganas de aprovecharse de tu poder y usarlo a favor de él.

Sois polos opuestos pidiendo un compañero de viaje, y eso hizo el Universo. Os regaló ese momento de tiempo para que aprendierais en ese intercambio doloroso a ser mejores almas, aunque tu mente no pueda comprenderlo. Os regaló la experiencia que vuestra mente proyectó, consciente o inconscientemente, para resolver esa herida del alma que estaba dañando vuestra vida humana.

La vida sólo es el escenario, tú eres el director de escena al proyectar con tu mente ese acto. Te podrá parecer cruel e injusto, pero habrás aprendido una lección del alma para sanar a todo un clan de abusos. Para legar a tus hijos un mundo justo y confiable, donde el amor es el único legado imborrable, habrás superado una experiencia traumática para poder acompañar a otras almas en este viaje del alma. Habrás convertido tus heridas en tus dones, porque desde allí podrás abrir corazones, desde allí podrás sanar con tus decisiones. Decidir significa cortar caminos y hoy eliges dejar atrás eso que guardabas dentro de ti mismo.

El abuso es una consecuencia quizá, de tus otras vidas y ahora sólo recibes lo que una vez entregaste tú como recompensa. No quieras juzgar a Dios por lo que pasó, Dios no juzga tu vida, es tu mente la que crea la injusticia. Podías haber salido siempre de esa situación, pero ese poder lo habías perdido en el camino y ahora es cuando lo tomas de nuevo. Ahora te conviertes en ese guerrero que no lucha con la vida, sino que lucha para encontrar su propia paz, sublimando su propio ego.
La vida la generaste tú siempre, la vida es un reflejo de ese dolor inapreciable pero que se hizo presente. No te culpes por heredar ese abuso de un árbol transgeneracional dañado, de los actos y consecuencias de otras vidas, o de lo que tú hayas soportado. Recoge ese aprendizaje del alma y utiliza ese coraje como catalizador para levantarte del suelo y convertir tu propio infierno en tu cielo.

Sé el alma libre que siempre has deseado y vive libre como el viento. Toma todo el poder de tu corazón para crear ahora esa vida de ensueño. La vida está ahí para ti, para que puedas empezar de nuevo. El pasado ya pasó, el presente está aquí, para ti, hoy. La vida es simple y sencilla, sin embargo, por alguna razón, te tocó vivir ese abuso y ser tú quien de él se recompone.

No juegues a intentar comprender lo que hizo la otra persona, comprende que la paz es tu propia decisión y eso lo eliges ahora. Ámate hasta el infinito y descubre ese amor que quizá no sentiste porque tu corazón estaba herido. Abre de nuevo esa flor marchita, para regar con lágrimas esa flor que revive, gracias a tu fuerza de voluntad infinita.

Eres el resultado de cómo te tomes tu vida después de todo lo que sucedió en tu pasado. Elige vivir la vida desde tu alma y conectar con ella, para sentirte amado. Descubrirás un Universo infinito de amor que se te había negado por seguir atrayendo ese dolor. Abre los ojos y ve ese corazón tan hermoso que Dios te entregó porque eres su hijo amado.

Saca con lágrimas ese perdón, que quizá a ti mismo te habías negado. Saca la ilusión de nuevo, saca a tu niño interior para disfrutar con él y seguir jugando. Saca tu magia, tu amor, lo que escondías tras ese abuso, porque eres hermoso y queremos verte de nuevo. Queremos sentirte de nuevo, queremos verte contento, porque eres un regalo para el mundo entero. Eres la razón de existir de este mundo.

Tu alma te hace un llamado, no busques culpables, busca el amor que te has negado, busca el perdón que necesitas para salir a vivir de nuevo en este mundo que para ti se ha creado. Eres libre de amar, eres libre para volver a confiar, utiliza a tu favor todo tu poder personal. Ama de nuevo, ama y abre tu corazón, aunque te dañen, así el ser humano no es perfecto, todo es aprendizaje.
No es una carrera, es una simple elección que está en ti para que puedas elegir. Renace de tu dolor para encontrar tu propio paradigma de amor. Recuerda que el poder lo sostiene quien al amor se aferra. Quien necesita de amor se cae, por querer arrebatárselo a quien lo tiene.

Expresa todo lo que hay en tu corazón, porque para otros sentirte, será un regalo de amor que los sostiene.

La canción expresa la herida del abuso en la infancia, para reconocerla y sanarla. Es volver a confiar en la vida.

La imagen muestra cómo es posible liberarse de la oscuridad y las cadenas del abusador, para volver a brillar y confiar en la vida.

@ DESPEDIDA NIÑO INTERIOR

Mi alma grita, mi alma baila, mi alma juega con la tuya cuando nos encontramos ambas. Somos compañeras de viaje de esta vida, y juntas, aprendemos a sanarnos para llegar a la esencia de nuestro corazón. Desde allí nos fundimos en una sola alma, donde nace el amor.

No hay amor propio ni amor consciente, es amor lo que somos por muchos adjetivos que le ponga tu mente. De allí traje estos mensajes, allí conecté con tu alma para conectar contigo y entregarte estas palabras que puedan aliviarte.

Tu niño o niña interior estaban heridos. Juntos, con palabras, nos hemos sanado a nosotros mismos. Juntos seguimos en alma, somos uno aprendiendo a ser una fuente de amor a través de ser nosotros mismos. Cada quien, con su esencia, cada uno tiene un agua diferente que sacia la sed de amor de otra alma sedienta.

Descubre tus dones conectándote con tu niño interior y haciendo de la vida un juego que mole. Trabaja desde tu corazón, sirve al mundo con amor, para que todos bebamos de tu esencia y nos sintamos plenos del amor que tú pones.

Somos una fuente de amor que brota de nuevo para saciar esa sed infinita. Somos niños adultos que aún con amor podemos seguir caminando. Somos la ilusión de nuestro niño interior y el sabio adulto que conoce lo que desea su propio niño interior para crearlo.

Has sanado, has encontrado a ese niño interior que ahora despierto va contigo de la mano. Vivir juntos una vida plena, donde el amor es la única búsqueda que merece la pena. Desde allí creé esto, desde allí nació esto, desde mi alma nació y allí nos encontramos en este momento.

Eres muy amado, eres muy amada, eres un alma sensible que sigue creyendo en el amor a pesar de todas las heridas que cargabas. Eres un sol que renace en ilusión para crear una vida diferente. Nada puede tapar tu luz, nadie puede esconder el amor que eres, nada ni nadie puede esconder la luz eterna que en tu alma tienes.

Viniste a experimentar esta vida humana. Viniste a sentir la sombra que te acompañaba. Hoy te despides de ella y le das gracias por esas heridas que tu niño interior cargaba. Ahora comprendes ese aprendizaje que, aunque a veces fue doloroso, mereció la pena para ser de nuevo ese niño hermoso que hoy abre su alma.

Te encontraste a ti de nuevo, encontraste ese niño interior escondido y asustado para abrazarle y rescatarle. Has renacido de tus heridas de la infancia para ser un adulto con ilusión que cree en el amor, a pesar de todas tus batallas.

Eres un maestro del amor que no tuviste para ahora, ser tú la fuente de amor que siempre fuiste.

Te bendigo y te abrazo, me despido de ti porque tengo mucho más que contarte, si deseas escucharlo.

@ **EJERCICIOS**
APLICAR LOS EJERCICIOS A CADA CAPÍTULO DEL LIBRO

1. Elige una canción, que no sea la misma, que se adjunta y que exprese la emoción del capítulo que estás trabajando. Revisa la letra de la canción para tomar conciencia de ella y úsala como anclaje a partir de hoy, para recordarla como la canción que te conecta con la emoción de ese capítulo.

2. Crea tu propio símbolo para expresar la emoción. Deja que tu intuición te entregue esa forma. No se trata de hacer nada perfecto, con un simple lápiz y papel puedes hacerlo. Después fíjate en los detalles del símbolo con calma, e intenta dar sentido a esas líneas que has trazado. Si te das el tiempo necesario, comprenderás cosas de ti mismo a través del símbolo que has creado.

3. Crea con tu móvil tres fotografías que te conecten con la emoción del capítulo, que no sean de personas, ni de animales, ni de alguna foto ya creada (por ejemplo, la foto de una foto). La intención del ejercicio es que seas tú quien crea la expresión de la emoción, no buscarla en otra representación externa ya creada. No se busca la perfección sino la expresión. No es necesaria ninguna cámara profesional ni nada parecido, haz las fotos con el móvil. Pon un título a cada fotografía, el título que sea una sola palabra. Ahora realiza una pregunta interna tuya que no dependa de otro, o de una situación externa que quieras resolver. Utiliza esas tres fotografías y esos tres títulos para crear una historia que resuelva la pregunta que te has planteado. Date tiempo, al final la solución llega sola.

4. Crea tu propia expresión del texto compartido con tus propias palabras y luego grábala con tu propia voz en el móvil. El texto que sea como mínimo, de media hoja, para que narres al menos de uno a dos minutos. Si te equivocas grabando el audio, tranquilo, sigue grabando el audio y vuelve a comenzar esa frase en la que te has equivocado. No se busca la perfección, sino la interiorización del texto. Escúchate a ti mismo con tu propia voz, a través de los auriculares. Escucha este audio al menos durante tres veces al día, hasta que decidas que ya has asimilado el mensaje.

5. EJERCICIO OPCIONAL: Crea algo a partir de este texto y que sea creativo, por ejemplo, un dibujo, una pintura, toca una canción, si sabes tocar algún instrumento que te conecte con ese texto, haz manualidades, una coreografía, un mapa mental, una escultura, un plato de cocina, o cualquier acto creativo que te una al texto.

@ **ARROBAVERSO**
POR CARLOS ARROBA

arrobaverso es un concepto donde se une la tecnología y las artes, para conectar con los sentimientos. Se juntan veinte años de experiencia como informático, con el arte para expresar emociones y crear juntos un nuevo universo.

Soy Carlos Arroba, canalizador de las emociones a través del arte, e informático retirado. Utilizo la tecnología como forma de expresión artística. Utilizo mis experiencias con mis dones y los uno, para generar nuevas creaciones. Te entrego la expresión de mi corazón, junto con la experiencia adquirida en mi camino. Uno diferentes universos para generar uno nuevo, que comparto con amigos.

Me encargo de mostrar al mundo lo que cada alma esconde en su corazón. Leo y comprendo tus emociones a través de tus creaciones. Uno la sensibilidad y la tecnología con las artes y con las emociones. Te mostraré un camino diferente donde podrás unir tu corazón con tu mente, dando sentido a lo que sientes.

Me ofrezco como compañero de este viaje, que empieza hoy, si decides seguir adelante. Sentirás emociones expresadas con arte canalizado, todo a través de la tecnología que he desarrollado.

Este viaje fue un sueño desde que me despedí de mi trabajo, cuando decidí dejar de sufrir para dedicarme a lo que amo. Dejé atrás los deseos de mi mente para sentir realmente mi llamado. Amo mi conexión profunda con las emociones, mi manera de expresarlas se convirtieron en mis dones, que son tuyos si decides abrir este camino, que hoy quizá desconoces.

Me encargo de hacer sentir. La tecnología es una herramienta para humanizar eso que tengo listo, para que lo puedas recibir. Creé mi propio legado de emociones, mi propio universo de expresiones, mi propia forma de liberar y gestionar las emociones.

arrobaverso es un encuentro diferente, donde si lo deseas, te expones o nos acompañas y nos propones. Recuerda que expresar lo que sientes conectará con más personas, y eso que compartas, resonará en el alma de la gente. Por eso comparto mis emociones canalizadas, porque son expresiones supremas del estado de mi alma. Allí no hay mentiras ni juegos de palabras, allí las verdades son sentidas y no contadas.

arrobaverso es un mundo nuevo que tu alma quiere explorar, yo me encargo de ser tu compañero. Ven a este nuevo mundo porque también es el tuyo y aquí nos encontraremos.

Tecnología, arte y sentimiento, eso es, arrobaverso.

La canción es la explicación de quién es Carlos Arroba (arrobaverso) de una manera artística.
La imagen muestra la suma de tecnología, arte y sentimiento, eso es arrobaverso.

Disfruta en un vídeo musical, este capítulo en el que te muestro quién soy y a qué me dedico:

https://arrobaverso.com/arrobaverso

@ ACERCA DEL AUTOR
CARLOS ARROBA (arrobaverso)

Me encargo de mostrar al mundo lo que cada alma esconde en su corazón. Leo y comprendo tus emociones a través de tus creaciones. Creo obras para expresar emociones, uniendo diferentes dimensiones del arte. Soy un artista multidisciplinar especializado en expresar emociones.

Canalizo las emociones a través del ARTE para entregarte en cada obra la sabiduría que atesoran. Soy escritor, fotógrafo, pintor, compositor y cantante. Utilizo la escritura, la fotografía, la simbología y la música para crear experiencias únicas, conectando las emociones con los sentidos.

Especializado en fotografía terapéutica, arte terapeuta y mentor de propósito de vida. Me retiré como administrador de sistemas después de veinte años de profesión, al hacerlo encontré mi vocación.
Soy el creador de la editorial, sello discográfico y productora audiovisual @arrobanticismo: cuando expresar emociones es un arte en sí mismo. Este nombre es la suma de mi primer apellido "Arroba" y "romanticismo".

La creatividad es la expresión suprema del estado del alma. Por eso, sigo expresando con mi arte la profundidad del alma humana.

Correo electrónico: **carlos@arrobaverso.com**
Contacto: **https://arrobaverso.com/contacto**

Dejé de usar las redes sociales de Meta por conciencia (Facebook e Instagram).

Un abrazo y un hasta ahora; en el camino nos encontraremos, compartiendo más emociones convertidas en obras.